BEI GRIN MACHT SIC
WISSEN BEZAHLT

- Wir veröffentlichen Ihre Hausarbeit,
  Bachelor- und Masterarbeit

- Ihr eigenes eBook und Buch -
  weltweit in allen wichtigen Shops

- Verdienen Sie an jedem Verkauf

Jetzt bei www.GRIN.com hochladen
und kostenlos publizieren

Björn-Alexander Thieler

Tod und Bestattung von Friedrich I. Barbarossa

Eine Stellungnahme zum aktuellen Forschungsstand in der modernen Geschichtswissenschaft

GRIN Verlag

Bibliografische Information der Deutschen Nationalbibliothek:

Die Deutsche Bibliothek verzeichnet diese Publikation in der Deutschen National-
bibliografie; detaillierte bibliografische Daten sind im Internet über http://dnb.d-
nb.de/ abrufbar.

Dieses Werk sowie alle darin enthaltenen einzelnen Beiträge und Abbildungen
sind urheberrechtlich geschützt. Jede Verwertung, die nicht ausdrücklich vom
Urheberrechtsschutz zugelassen ist, bedarf der vorherigen Zustimmung des Verla-
ges. Das gilt insbesondere für Vervielfältigungen, Bearbeitungen, Übersetzungen,
Mikroverfilmungen, Auswertungen durch Datenbanken und für die Einspeicherung
und Verarbeitung in elektronische Systeme. Alle Rechte, auch die des auszugsweisen
Nachdrucks, der fotomechanischen Wiedergabe (einschließlich Mikrokopie) sowie
der Auswertung durch Datenbanken oder ähnliche Einrichtungen, vorbehalten.

Impressum:

Copyright © 2014 GRIN Verlag GmbH
Druck und Bindung: Books on Demand GmbH, Norderstedt Germany
ISBN: 978-3-656-89863-4

Dieses Buch bei GRIN:

http://www.grin.com/de/e-book/292787/tod-und-bestattung-von-friedrich-i-barba-
rossa

GRIN - Your knowledge has value

Der GRIN Verlag publiziert seit 1998 wissenschaftliche Arbeiten von Studenten, Hochschullehrern und anderen Akademikern als eBook und gedrucktes Buch. Die Verlagswebsite www.grin.com ist die ideale Plattform zur Veröffentlichung von Hausarbeiten, Abschlussarbeiten, wissenschaftlichen Aufsätzen, Dissertationen und Fachbüchern.

Besuchen Sie uns im Internet:

http://www.grin.com/

http://www.facebook.com/grincom

http://www.twitter.com/grin_com

Tod und Bestattung Friedrich I. Barbarossa

Eine Stellungnahme zum aktuellen Forschungsstand in der modernen Geschichtswissenschaft

<u>Abgabetermin:</u> 30.09.2014

<u>Autor:</u>
Björn-A. Thieler

<u>Proseminar:</u>
Einführung in die Geschichte
des Mittelalters

<u>2-Fächer-Bachelor:</u>
Geschichte/ Latein
(3. Fachsemester/ WS13/14)

Universität Osnabrück

Inhaltsverzeichnis

Einleitung

„Ihr Elenden, was tut ihr? Auf was hofft ihr noch? Ihr habt die bevorstehende Ankunft eures Kaisers erwartet, aber er ist ertrunken! Eure Hoffnung ist zerronnen."[1]

Diese Worte sollen von den sarazenischen Verteidigern ausgesprochen worden sein, während der von den Kreuzfahrern durchgeführten Belagerung von Akkon (28. August 1189 bis 12. Juli 1191) im Verlauf des dritten Kreuzzuges (1189-1192). Die mächtigsten Herrscher des christlichen Abendlandes Philipp II., König von Frankreich, Richard I., König von England und Friedrich I., Kaiser des Heiligen Römischen Reiches, von den italienischen Untertanen nur Barbarossa (Rotbart)[2] gerufen, nahmen an dieser militärischen Operation gegen den Islamischen Herrschaftsanspruch im Nahen Osten teil.[3]

Die 1187 durch Papst Gregor VIII. ausgerufene Kampagne hatte die militärische Rückeroberung Jerusalems und die Wahrung der christlichen Interessen im Morgenland zum Ziel. Im stattlichen Alter von knapp siebzig Jahren begab sich Barbarossa mit seinem Heer auf den Weg ins Heilige Land, in dessen Folge er am 10. Juni 1190 beim Fluss Saleph unweit der armenischen Stadt Seleukia tödlich verunglückte.[4]

Dieses plötzliche Dahinscheiden des Kaisers, die anschließende Darstellung seines Todes, als auch seine Bestattung, boten bereits zeitgenössischen Historikern Nährboden für Spekulationen und Mutmaßungen. Allerdings zeigen sich auch bei den gegenwärtigen Forschungsmeinungen in der modernen Geschichtswissenschaft immer noch Kontroversen in Bezug auf eine genaue Klärung von Todesursache, Zeitpunkt und besonders der Bestattung. Niemand vermag den genauen Ablauf nach dem Tod des Kaisers eingehend zu rekonstruieren. Der einzige Anhaltspunkt ist die Quellenüberlieferung von Zeitzeugenberichten, welche sich zusätzlich gegenseitig wiedersprechen und so neue Untersuchungspunkte für die Mediävistik aufwerfen.

Der derzeit aktuellste Forschungsstand ist in den Publikationen von Leila Bargmann und Knut Görich manifestiert. Gerade die sehr gut strukturierte und umfassende Herausarbeitung von

---

[1] **Mayer, Hans Eberhard**: Das Itinerarium peregrinorum. Eine zeitgenössische englische Chronik zum dritten Kreuzzug in ursprünglicher Gestalt, Stuttgart 1962, S. 303; dazu **Görich, Knut**: Friedrich Barbarossa. Eine Biographie, München 2011, S. 600.
[2] Italienisch-Deutsch: *„barba" f. - „der Bart" und „rosso" m. - „rot" Adj.*
[3] **Thorau, Peter**: Die Kreuzzüge, München 2004, S. 95.
[4] **Bargmann, Leila**: Der Tod Friedrichs I. im Spiegel der Quellenüberlieferung. In: Concilium medii aevi 13 (2010), S.223; **Görich, Knut**: Die Staufer. Herrscher und Reich, München3 2011, S. 65-67.

2

Primärquellen und deren Analyse spiegelt einen Aufsatz von Leila Bargmanns wieder, welche sich intensiv mit dem Tod Barbarossas beschäftigt.

Als führende Fachliteratur auf diesem Gebiet, erweist sich hingegen die Biographie von Knut Görich, dessen wissenschaftlicher Beitrag als Durchbruch einer realistischen Darstellungsbeschreibung des Kaisers gelten würde, entfernt von vorangegangenen Mystifizierungen und populären Legendenbildungen. So stehen auch der Tod und das Bestattungszeremoniell im Zentrum seiner Untersuchung.[5]

Diese Hausarbeit setzt sich nun zum Ziel eine präzise Zusammenfassung jener Forschungsergebnisse in Bezug auf Kreuzzug, Tod und die Bestattung Friedrich I. zu liefern und anschließend kritisch dessen Plausibilität zu hinterfragen. Dazu soll als erstes kompakt der Werdegang des Staufers thematisiert werden, speziell die Begründung der Kreuzzug-Teilnahme unter dem Schwerpunkt seines Lebensendes und hiernach die Forschungsergebnisse zu Tod und Bestattung präsentiert werden, welche im Resümee als Abschluss beurteilt werden. So soll ein wissenschaftlicher Beitrag zum unaufgeklärten Herrschersterben des ersten staufischen Kaisers entstehen, der zugleich auch die problematische Fragestellung bezüglich der Grablege Barbarossas wiederspiegelt.

---

[5] **Gramsch, Robert**: Rezension zu: Görich, Knut: Friedrich Barbarossa. Eine Biographie. München 2011, In: sehepunkte 13 (2013), URL: http://www.sehepunkte.de/2013/01/20232.html, Stand: 15.01.2013 (Abruf: 26.08.2014); **Plassmann, Alheydis**: Rezension zu: Görich, Knut: Friedrich Barbarossa. Eine Biographie. München 2011, In: H-Soz-u-Kult, URL: http://hsozkult.geschichte.hu-berlin.de/rezensionen/2013-1-015, Stand: 09.01.2013 (Abruf: 26.08.2014).

1. Über Friedrich I. Barbarossa

Über die Geburt Barbarossas herrscht in der Forschung noch mehr Uneinigkeit und Unwissen als über seinen Tod. Laut aktuellen Befunden von Görich, ließe sich das genaue Geburtsdatum nicht genau bestimmen, sondern nur auf den Monat Dezember und das Jahr 1122 eingrenzen.[6] Zur Feststellung des Geburtsortes existiert nur eine bis heute bekannte Quelle des neuzeitlichen Chronisten Martin Crusius, der in den Schwäbischen Annalen überliefert, dass Barbarossa entweder in Waiblingen oder auf der welfischen Haslachburg bei Weingarten zur Welt gekommen sein soll.[7]

Er trat aus dem Adelsgeschlecht der Staufer hervor. Der Name Staufer entspricht an dieser Stelle einer nachträglichen Namenserfindung aus dem 15. Jahrhundert unbekannten Ursprungs. Vermutlich bezog man sich hierbei auf die ca. 1070 von Friedrich I. von Schwaben errichtete Burg Hohenstaufen, die auf dem gleichnamigen Berg, nahe der heutigen Stadt Göppingen in Baden-Württemberg immer noch als Ruine vorhanden ist.[8]

Barbarossa gilt zudem als Begründer der Stauferdynastie, da er als erster Emporkömmling seiner Familie einen einzigartigen politischen Aufstieg schaffte und die damit verbundene Erhebung des Staufergeschlechts zum Kaisertum manifestierte. Den Beginn markierte der Erhalt des Titels Friedrich III. Herzog von Schwaben, der per königlichen Erlass ab März 1147 nachweisbar ist.[9] Es folgte die Wahl zum König am 4. März 1152 in Frankfurt, gemäß der „*libera electio*" der deutschen Fürsten.[10] Die anschließende Salbung und Krönung fand am 9. März 1152 in der Aachener Münsterkirche unter Leitung von Erzbischof Arnold von Köln und in Anwesenheit des Trierer Erzbischofs Hillin und der Bischöfe Eberhard von Bamberg, Otto von Freising, Ortlieb von Basel, Hermann von Konstanz und sowie Heinrich von Lüttich statt.[11] Den höchsten weltlichen Titel, die Kaiserwürde, empfing Barbarossa am 18. Juni 1155 von Papst Hadrian IV. in Rom,[12] außerdem erwarb er als letzten Titel seiner

---

[6] Görich, Friedrich Barbarossa, S. 28.

[7] Görich, Friedrich Barbarossa, S. 27 dazu **Sprenger, Kai- Michael**: Zwischen gefühlter u. gelenkter Erinnerungskultur- Welfen u. Staufer in Weingarten u. Ravensburg. In: Kießling, Rolf (Hrsg.): Erinnerungsorte in Oberschwaben. Regionale Identität im kulturellen Gedächtnis, Konstanz 2009, S. 115.

[8] **Lubich, Gerhard**: Territorien-, Kloster- und Bistumspolitik in einer Gesellschaft im Wandel. Zur politischen Komponente des Herrschaftsaufbaus der Staufer vor 1138. In: Hubertus Seibert/ Jürgen Dendorfer (Hrsg.): Grafen, Herzöge, Könige. Der Aufstieg der Staufer und das Reich 1079–1152, Ostfildern 2005, S. 179–212.

[9] Görich, Friedrich Barbarossa, S. 59.

[10] **Schneidmüller, Bernd**: Die Welfen. Herrschaft und Erinnerung (819–1252). Stuttgart 2000, S. 188.

[11] Görich, Friedrich Barbarossa, S. 106-109.

[12] Görich, Friedrich Barbarossa, S. 247-248.

Laufbahn den des Königs von Burgund durch die Heirat mit Beatrix von Burgund im Juni 1156, welche ihm elf Kinder gebar, unter anderem den späteren Thronfolger Heinrich VI.[13]

In der Zeit zwischen Kaiserkrönung und seiner letzten militärischen Unternehmung im Rahmen des dritten Kreuzzuges, bemühte er sich um die Konsolidierung seiner Herrschaft im Heiligen Römischen Reich, welche er durch eine Befriedung der politischen Streitigkeiten mit seinen Untertanen und dem Papsttum im März 1188 erreichte.[14]

Das jähe Lebensende Barbarossas beginnt mit den im europäischen Abendland eingehenden Nachrichten über die Eroberung des Königreiches Jerusalem am 2. Oktober 1187 durch die sarazenische Armee Sultan Salah ad-Dins. Das christliche Kreuzfahrerheer war von den Muslimen besiegt worden. Der nun schwer zu verteidigende Herrschaftsbereich der Kreuzfahrerstaaten beschränkte sich auf die Städte Antiochia, Tripolis und Tyros.[15]

Die Reaktion in Europa dauerte nicht lange: Am 29. Oktober 1187 rief Papst Gregor VIII. mit der Bulle „Audita tremendi" zum Dritten Kreuzzug auf. Inhalt dieser Bulle war eine Anklage an die gesamte sündige Christenheit als Schuldträger des Verlustes Jerusalems und des gesamten Heiligen Landes. Die Rückeroberung des Königreich Jerusalems wurde zum eigentlichen Ziel der gesamten Kampagne deklariert.[16] Dieser päpstliche Schachzug war insofern clever, da erstens die Angst vor Schuld und Sühne in Bezug auf den kommenden Tod und das Fegefeuer, fest in der gesamten christlichen Gesellschaft des Mittelalters, so auch bei dessen Herrschern vorhanden war. Zum Zweiten ging es einem Herrscher auch um seine „memoria", der Unsterblich-Werdung seiner Person und die ewige Überlieferung seiner ruhmreichen Taten („res gestae") für die Nachwelt. Für beide Anlässe konnte durch die Teilnahme am Kreuzzug Vorsorge getroffen werden, da diese unendlichen Schuldenablass garantieren („remission peccatorum") und gleichzeitig eine Würdigung durch die katholische Kirche offerieren würde.[17] Dementsprechend schlossen sich Philipp II., König von Frankreich und Richard I., König von England mit ihren Heeren dem Vorhaben an. Am 27. März 1188 nahm auch Barbarossa beim Hoftag Jesu Christi in Mainz mit ca. 66 Lebensjahren das Kreuz. Er war der einzige christliche Herrscher der Geschichte, der an einem zweiten

---

[13] Görich, Friedrich Barbarossa, S. 256-259.
[14] Dazu **Kölzer, Theo**: Der Hof Friedrich Barbarossas und die Reichsfürsten. In: Stefan Weinfurter (Hrsg.): Stauferreich im Wandel, Stuttgart 2002, S. 220–236.
[15] Bargmann, S. 223; Görich, Friedrich Barbarossa, S. 530; vgl. Karte **M1** und **M2**.
[16] Görich, Die Staufer, S. 65; Görich, Friedrich Barbarossa, S. 531.
[17] Dazu Görich, Friedrich Barbarossa, S. 531.

Kreuzzug teilnahm[18] und plante erfahrungsbewusst sein Vorgehen, wie Knut Görich treffend formuliert: *„Barbarossa [...] wusste auf was er sich einließ.“*[19] Die verbindliche Teilnahme trotz seines hohen Alters ist zusätzlich noch durch seine ihm wohl bewusste Position als höchster weltlicher Herrscher und somit Verteidiger der gesamten Christenheit zu begründen, welche er Pflichtbewusst auszuüben vermochte (*„defensor ecclesiae“*).[20]

Der Ausmarsch Barbarossas begann im Mai 1189 in Regensburg. Mit einem ca. 15.000 Mann starken Heer, dem größten Kontingent das jemals für einen Kreuzzug aufgestellt wurde und dessen Transport auf dem Seeweg aufgrund mangelnder Flottenkapazität unmöglich erschien, begab er sich auf dem Landweg Richtung Jerusalem.[21] Er wurde von seinem Sohn Herzog Friedrich V. von Schwaben,[22] acht Bischöfen, drei Markgrafen und 29 Grafen begleitet, aus dessen Anwesenheit teilweise die Quellenlage herzuleiten ist.[23] Am Morgen des 10 Juni 1190 erreichten die deutschen Kreuzfahrer den Fluss Saleph (heute türk. *„Göksu“*), der überquert werden musste, da die jenseits liegende Stadt Seleucia (heute türk. *„Silifike“*) als Raststätte dienen sollte. Hier an dieser Stelle ereilte Kaiser Friedrich I. Barbarossa der Tod.[24]

2. Tod und Bestattung

Die führende Forschung spekuliert bis heute über den Tod und die anschließende Bestattung des Staufers. Die Diskussionsgrundlage beläuft sich auf einen großen Umfang teils anonymer Quellen, die eingehend mit dem Ableben des Kaisers in Verbindung stehen. Die teils anonymen Verfasser sind hierbei sowohl hochrangige Begleiter, als auch unbeteiligte Historiker des späten Mittelalters aus allen Kulturbereichen. *„Einerseits ist der Umfang der Quellenbelege beachtlich: Den Bestand unzähliger Berichte von Autoren des christlichen Abendlandes bereichert die in ebenfalls großer Zahl vorhandene Überlieferung aus dem christlichen und dem islamischen Orient.“*[25] So Leila Bargmann, welche sich einer Untersuchung von dreizehn dieser Quellenberichte angenommen hat, die alle den Tod und das

---

[18] Barbarossa hatte im Jahr 1147 bis 1149 am Kreuzzug (2.) seines königlichen Onkels Konrad III. teilgenommen.
[19] Görich, Die Staufer, S. 66.
[20] Ebd. S. 66.
[21] Siehe Karte **M3**.
[22] Der eigentliche Name von Friedrich V. war Konrad (1167-1191). Nach dem Tod von Barbarossas ältesten Sohn Friedrich (1164-1169), übernahm der dritte Sohn Konrad bei seiner Ernennung zum schwäbischen Herzog (1170) dessen Namen; Dazu **Schwarzmaier, Hansmartin**: Friedrich V. (Konrad). Herzog von Schwaben (1167-1191). In: Lexikon des Mittelalters (LexMA)Band 4, München/Zürich 1989, Sp. 960–961.
[23] Bargmann, S. 224.
[24] Görich, Friedrich Barbarossa, S. 531-590; Görich, Die Staufer, S. 66-68; Bargmann, S. 223-224; siehe Karte **M4**; dazu Bild **G1**.
[25] Bargmann, S. 224.

weitere Bestattungsverfahren danach beschreiben. In neun[26] Fällen hätte sie eine Übereinstimmung in den zeitgenössischen Darstellungen des Todesumstandes, des Zeitpunktes und dem weiteren Bestattungsverfahren herausgefiltert, benennt aber auch abweichende Beschreibungen, die in den übrigen vier[27] Berichten auftreten würden, wie sie selbst fortsetzt: *„Andererseits ist der inhaltliche Befund zum Tod des Kaisers ausnehmend vielfältig- und problematisch: Schon in den Hauptquellen aus der Feder deutscher Expeditionsteilnehmer sind die Angaben zum Geschehen des 10. Juni 1190 nicht miteinander zu vereinbaren. Die Überlieferung von außerhalb des Kreuzzuges, und darunter vor allem die Flut späterer Aufzeichnungen, ist zumeist weder untereinander noch gegenüber den Hauptquellen stimmig.“*[28]

Die von Bargmann mit einbezogenen Quellen, sowie weitere 166 Einträge prägen ebenfalls das Quellenverzeichnis von Knut Görichs Barbarossa Biographie.[29] Zusammen ergibt sich ein Leitmotiv in der heutigen Forschung, welches im Folgenden erläutert werden soll:

2.1 Todesort

Bezüglich des Ortes an dem Barbarossa verschied, ist sich die Forschung nach Auswertung sämtlicher Quellenbefunde weitgehend einig geworden. Es würde in nahezu allen Quellen der Fluss Saleph genannt werden bzw. ein Strom in der Nähe der Stadt Seleucia, womit nur der Saleph gemeint sein könne. Ein anderer Ort sei laut dem aktuellen Kenntnisstand nicht überliefert.[30] Hinsichtlich heutiger Satellitenbilder des Landstriches und topographischer Analysen rund um die Stadt Silifike, lässt sich dies bestätigen.[31]

---

[26] Zitiert nach Bargmann: **Albertus Miliolus**: Cronica imperatorum, hg. von Oswald Holder-Egger, MGH SS 31, Hannover 1903, S. 580–667; **Annales Mediolanenses**, hg. von Georg Heinrich Pertz, MGH SS 18, Hannover 1863, S. 357–382; **Chuonradus Schirensis**: Annales, hg. von Philipp Jaffé, MGH SS 17, 1861, S. 629–633; **Dietrich von Nieheim**: Historisch-politische Schriften. Teil 2: Historie de gestis Romanorum principum. Cronica. Gesta Karoli Magni imperatoris, hg. von Katharina Colberg/ Joachim Leuschner, MGH Staatsschriften 5,2, Stuttgart 1980, S. 272; **Iacobus Aquensis**: Chronica ymaginis mundi, hg. von Oswald Holder-Egger, MGH SS rer. Germ. 27, Hannover 1892, S. 88–98; **Petrus Erfordensis**: Chronica moderna, hg. von Oswald Holder-Egger, MGH SS rer. Germ. 42, Hannover 1899, S. 117–369; **Robertus Autissiodorensis**: Chronicon, hg. von Oswald Holder-Egger, MGH SS 26, Hannover 1880, S. 219–276; **Salimbene de Adam**: Cronica ordinis Minorum, hg. von Oswald Holder-Egger, MGH SS 32, Hannover 1905–1913, S. 12; **Thomas Ebendorfer**: Chronica pontificum Romanorum, hg. von Harald Zimmermann, MGH SS rer. Germ. NS 16, München 1994, S. 401.

[27] **Andreas v. Marchiennes**: Sigeberti Gemblacensis Constinuatio Aquicinctina, hg. von Ludwig Konrad Bethmann, MGH SS 6, Hannover 1844, S. 405–438; **Gislebertus Montensis**: Chronicon Hanoniense, hg. von Wilhelm Arndt, MGH SS 21, Hannover 1869, S. 481–601; **Radulfus Coggeshale**: Chronicon Anglicanum, hg. von Joseph Stevenson, MHB SS rer. Brit. 66, London 1875, S. 25.

[28] Bargmann, S. 224.

[29] Görich, Friedrich Barbarossa, S. 707-717.

[30] Dazu Görich, Friedrich Barbarossa, S. 589-590.

[31] Vgl. Karte **M4**.

2.2 Todeszeitpunkt

Sicherheit ist auch in punkto Tageszeit vorhanden, da nur der Tagesanfang bzw. der Morgen („*mane/ matutinum*") genannt würde. Es muss also Tageslicht und klare Sicht geherrscht haben. Hiermit sind die einseitige Überlieferung und der gesicherte Erkenntnisreichtum allerdings auch schon wieder ausgeschöpft. Die Kontroversen beginnen beim Todesdatum. Die Quellenberichte variieren hier teilweise im kalendarischen Erfassungszeitraum zwischen dem 10. und 18. Juni 1190 n. Chr., nach heutiger Zeitrechnung. Der Zwischenfall selbst sei konsequent bei allen auf den 10. Juni datiert und ist bei den meisten auch der Todestag, wenige schreiben von einem anderen Zeitpunkt des Exitus und nur der zeitgenössische Chronist Gislebert von Mons berichtet, dass der Kaiser einem achttägigen[32] Todeskampf erlägen wäre. So sei laut Forschungsinferenz das Todesdatum der 10. Juni 1190, da es am häufigsten genannt würde.[33]

2.3 Todesursache(n)

Die Kausalität der existierenden Kontroversen bezüglich der genauen Todesursache Barbarossas, erklären zwei Zitate von Knut Görich zum bisherigen Sachverhalt am besten: „*Was am Ufer des Saleph am Morgen jenes 10. Juni geschah, wissen allein die Augenzeugen. Wer das war, ist unbekannt, und inwieweit sich ihre Berichte in den Texten niedergeschlagen haben, die zum Teil erst Jahre später entstanden und die uns heute allein vorliegen, ist kaum zuverlässig einzuschätzen.*"[34] So fasst er seine persönliche Beurteilung nach der Vielfalt der einzelnen Aussagen jener Texte wie folgt zusammen: „*Ob der Kaiser den Fluss selbst schwimmend oder zu Pferde durchquerte, ob er damit eine Abkürzung nehmen oder aber sich nur durch ein Bad erfrischen wollte, ob er dabei allein oder in Begleitung von Rittern war oder ob man ihn zurückzuhalten versucht hatte, ob er in der Strömung aus Erschöpfung und Schwäche starb oder gegen einen Felsen oder einen Baum geworfen wurde, ob er überhaupt im Fluss selbst starb oder erst am Ufer, [...] zuvor vielleicht auch noch von einem Arzt behandelt wurde – all das wussten schon die zeitgenössischen Geschichtsschreiber nicht mehr mit Sicherheit zu sagen. Jeder von ihnen erzählte eine Geschichte, die er für wahrscheinlich oder vielmehr für wahr hielt.*"[35]

---

[32] MGH SS 21, S. 566.
[33] Bargmann, S. 226-228; Görich, Friedrich Barbarossa, S. 590.
[34] Görich, Friedrich Barbarossa, S. 590.
[35] Ebd.

In allgemeinen Geschichtspublikationen ist fälschlicherweise immer nur von einem Tod durch Ertrinken die Rede, welcher zwar logisch erscheint, aber nicht eindeutig festgestellt ist. Sämtliche hier von Görich aufgezählten Todesursachen sind in den Quellen genannt und müssen demnach in einer Untersuchung berücksichtigt werden, auch wenn man nie eine genaue Aussage darüber treffen können wird, welche tatsächlich das Sterben des Staufers herbeigeführt hat.

2.4 Bestattung(en)

Wie nun genau mit dem Leichnam des Kaisers verfahren wurde, nach dessen festgestellten Tod, wirft das eigentliche Rätsel auf und es gereicht der modernen Forschung auch an dieser Stelle nur zu einer begründeten Mutmaßung: Zuerst einmal stirbt der Kaiser in der Fremde, was laut Quellen einstimmig belegt ist. Eine Bestattung inklusive dem Empfang vorheriger Sterbesakramente und dem Beisein der engsten Vertrauten und Verwandten im prestigeträchtigen Dom zu Speyer (Domkirche St. Maria und St. Stephan), der die Memoria der salisch-staufischen Dynastien prägt, ist nicht gegeben.[36] Weiterhin ist in Anbetracht der klimatischen Umstände und der somit begünstigten Verwesung des kaiserlichen Leichnams, der eventuell ursprünglich zurück nach Speyer überführt werden sollte, eine rasche Maßnahme zur Konservierung zu treffen.

Laut Görichs Untersuchung hätte Barbarossas Sohn Friedrich V. von Schwaben, der nun den Oberbefehl über das restliche deutsche Kreuzfahrerheer innehatte,[37] angeordnet, dass sein Vater in Jerusalem, der Stadt zu deren Rückeroberung er aufgebrochen war, beigesetzt werden solle. Dazu wäre der Leichnam Barbarossas am 13. Juni 1190 in Tarsus (heute türk. „*Tarsos*") ausgenommen und mit Salz eingerieben worden („*gepökelt*"). Die Eingeweide hätte man in der Pauluskirche in Tarsus bestattet. So wäre der Verwesung vorgebeugt und die Leiche zum Transport präpariert gewesen. Nach drei Wochen hätten die Kreuzfahrer das Fürstentum Antiochia (heute türk. „*Antakya*") und dessen gleichnamige Stadt erreicht, eine der letzten christlichen Bastionen gegen die verfeindeten Sarazenen.[38] Hier im Schutz und Beisein der christlichen Genossenschaft wäre Barbarossas toter Leib in Stücke geschnitten und in Wasser mit Essig gekocht worden bis sich das Fleisch von den Knochen löste. Dieses

---

[36] **Doll, Anton**: Überlegungen zur Grundsteinlegung und zu den Weihen des Speyerer Domes. In: Archiv für mittelrheinische Kirchengeschichte 24 (1972). S. 9–25.

[37] Das deutsche Kreuzfahrerheer zersplitterte nach dem Tod Barbarossa in große Teile, da einige desillusionierte Soldaten ihrem Kaiser durch Suizid in den Tod folgten, sich den Sarazenen ergaben oder überliefen, oder den Rückmarsch antraten. Nur etwa 5000 Soldaten verblieben in den Reihen Friedrich V. Siehe Görich, Die Staufer, S. 67.

[38] Vgl. Karte M2.

Prozedere, von den Italienern herablassend als deutscher Brauch („*mos teutonicus*") bezeichnet, war dem Privileg der deutschen, englischen und auch französischen Herrscher geschuldet und dürfte nach vorherigen Einvernehmen Barbarossas stattgefunden haben, da es allgemein beim Sterben eines Herrschers in der Fremde üblich war, sogar der Würde und Erhaltung des Leichnams wegen verlangt wurde. Das Fleisch wäre danach in der St. Petrus Kirche Antiochias beigesetzt worden. Die Gebeine hingegen wären laut den Quellenberichten in einem Ledersack verpackt mindestens bis Tyrus (liban. „*Sur*") mitgeführt worden und sollen dort vorrübergehend in der Kathedrale zwischengelagert gewesen sein, bis eine Überführung ins rückeroberte Jerusalem gesichert wäre.

Drei Quellen berichten von einer weiteren Mitnahme nach Akkon, was Görich ausschließe, da sich die Stadt zu diesem Zeitpunkt noch im belagerten Zustand seitens der Kreuzfahrer befunden habe und so kein gesichertes Umfeld zur Aufbewahrung der kaiserlichen Knochen geschaffen gewesen wäre. Friedrich V. von Schwaben wäre zudem am 20. Januar 1191 vor Einnahme der Stadt an Malaria verstorben, was den verbliebenen deutschen Truppen den Anlass gegeben hätte sich auf die englischen und französischen Heere aufzuteilen, die die Belagerung initiiert hatten. So nimmt die Forschung heute an, dass sich das Grab Barbarossas unter der Kathedrale von Tyrus befindet, da der Vormarsch des christlichen Kreuzfahrerheeres ca. 20km vor Jerusalem zum Stillstand kam und Jerusalem nicht von den sarazenischen Besatzern zurückerobert wurde.[39]

„*Barbarossa ist der einzige Herrscher des Mittelalters, dessen genaue Grablege bis heute unbekannt ist.*"[40] So kommentiert Knut Görich sein eigenes Endresultat und somit den derzeitigen Forschungsstand, welcher nun abschließend noch einmal kritisch rekapituliert werden soll.

---

[39] Görich, Friedrich Barbarossa, S. 599-600; **Görich, Knut**: Friedrich Barbarossa– vom erlösten Kaiser zum Kaiser als nationaler Erlösergestalt. In: Fried, Johannes / Rader, Olaf B. (Hrsg.): Die Welt des Mittelalters. Erinnerungsorte eines Jahrtausends, München 2011, S. 195–208.
[40] Ebd. S. 208.

Resümee

Alles in Allem ergibt sich in Anbetracht der vorliegenden Ergebnisse der führenden Forschung und deren wissenschaftlichen Standpunkt eine zunächst ernüchternde Schlussfolgerung: Die tatsächlichen Todesumstände von Kaiser Friedrich I. Barbarossa bleiben unaufgeklärt und werden sich auch in Zukunft nicht gänzlich aufklären lassen. Zu lückenhaft, zu unzuverlässig und zu meinungsverschieden ist die zeitgenössische Quellenlage, was auch Bargmann bemängelt. Dennoch gelingt es dem Historiker Knut Görich schließlich, unter der Rücksichtnahme aller Eventualitäten, eine nachvollziehbare Argumentation des Ablebens Barbarossas zu schildern. Seine Analyse erscheint weitestgehend logisch, wenn das überlieferte, für mittelalterliche Verhältnisse hohe Alter des Staufers von beinahe siebzig Jahren beachtet wird und die körperlich sehr belastende Reise von Regensburg zum letztlich nicht erreichten Ziel Jerusalem.

Genau diesem Alter muss sich der Kaiser selbst bewusst gewesen sein, da er mit Sicherheit nicht davon ausging ewig zu leben. Sein zuvor in Folge des letzten Kreuzzuges verstorbener, königlicher Onkel Konrad III. war ihm sicherlich auch im Gedächtnis verblieben. Der Kreuzzug Barbarossas musste insgesamt eine logistische Meisterleistung gewesen sein, wenn man die überlieferte Stärke von 15.000 Mann betrachtet, die in einem Heereszug organisiert werden mussten. So dürfte es nicht überraschen, wenn er einen eigenen Tross zur Lebensmittelversorgung und medizinischen Pflege mitgeführt hat, der sich auch seinem schwächer-werdenden Körper annahm, oder er gar einen Leibarzt zu Rate ziehen konnte. Bei einer großmilitärischen Unternehmung die der Kreuzzug nun einmal war, musste der Kaiser jenseits seiner Reichsgrenzen jederzeit mit gewaltsamen Auseinandersetzungen und so auch seinem eigenen Tod rechnen, spätestens aber ab dem Betreten Anatoliens, welches größtenteils durch die feindseligen Seldschuken kontrolliert wurde. Welche Anweisungen er für diesen Fall genau getroffen haben könnte, wird auch in der Fachliteratur nur vermutet, allerdings wäre in Bezug auf die Vorsorge seiner Memoria, das durch ihn zurückeroberte Jerusalem, die heiligste Stadt der Christenheit, als finale Grabstätte eine gute Wahl gewesen. Die „*remissio peccatorum*", weil er eben jenen Kreuzzug auch angeführt hatte, wäre dadurch schon fast erblasst. Letzten Endes wäre es die perfekte Gelegenheit, der perfekte Ort und der perfekte Zeitpunkt seinen Lebensabend zu beenden.

Mit einem vorzeitigen Tod im Saleph wird Barbarossa somit garantiert nicht gerechnet haben. Es war schlichtweg ein Unfall. So schreiben es die Quellen, die keine unmittelbaren Kampfhandlungen benennen, sondern nur den Marsch des deutschen Kreuzfahrerheeres entlang des Stromes Saleph. Die Schlüsselfrage lautet also: Wie verstirbt man an einem Fluss? Die einzige Antwortmöglichkeit folgt sogleich: Der Kaiser kann am Fluss selbst nur durch die direkte Einwirkung des Wassers verstorben sein.

Aus dem in den Quellen genannten Repertoire der Todesumstände in Folge dieses Unfalls, die auch Görich detailliert aufzählt und denen er somit einen gewissen Realitätsgrad beimisst, sticht einer besonders hervor: Der Tod durch Ertrinken, der auch in nahezu jeder Barbarossapublikation auftaucht. Es liegt in Anbetracht der warmen Sommertemperatur von 27-31 Grad Celsius[41] sehr nahe, dass der Kaiser sich abkühlen wollte oder seinen Durst zu stillen versuchte. Sein geschwächter Körper wurde durch die starke Strömung mitgerissen, in Folge dessen er an Erschöpfung, Ertrinken oder Verletzungen durch Kollisionen mit Flussunregelmäßigkeiten verstarb. Zum Vergleich wird die Fließgeschwindigkeit des Saleph („*Göksu*") gegenwärtig in Verbindung mit Wasserturbinen zur Förderung alternativer Energien genutzt, was eindeutig für eine starke Strömung spricht.[42] So erscheint dieses Szenario des Todes im heterogenen Quellenfundus am wahrscheinlisten, wird aber stetig Hypothese bleiben.

Einen ganz anderen Forschungsaspekt stellt die Bestattung dar. Wie bereits erwähnt liegt es nahe, dass der Kaiser eine gewisse Anweisung getroffen haben muss für den einkalkulierten Fall seines Ablebens, die heute unbekannt ist, da er diese genauso gut mündlich z.b. an seinen Sohn Friedrich V. von Schwaben, kurz vor dem Kreuzzugsbeginn, erteilt haben könnte. Zur Untersuchung dieser Frage verbleibt nur die Rekonstruktion des Weges des deutschen Kreuzfahrerheeres nach dem Tod Barbarossas, erstellt durch Quellenberichte und dem aktuellen Ergebnis Knut Görichs.[43]

Auffällig hierbei erscheint die Orientierung an der Küste entlang der Städte Tarsus, Antiochia, Tripolis, Beirut, Tyrus bis Akkon. Zum einen zur Nutzung der kürzesten Marschroute entlang des kühlen Wassers und zum anderen da sich die letzten Kreuzfahrerfestungen Antiochia, Tripolis und Tyrus als Hafenstädte auf dieser Strecke etabliert hatten und eine Versorgungsroute sowie Schutz boten. Des Weiteren konnte man jederzeit mit dem Eintreffen

---

[41] Die Temperaturwerte entsprechen heutigen Messungen im Sommer 2014; Siehe **Temperatur (max.) Türkei.** In: wetter.de, URL: http://www.wetter.de/welt/temperatur-karte-tuerkei-c90.html, Stand 15.09.2014 (Abruf 15.09.2014); dazu **Neues zur Mittelalterlichen Wärmeperiode: Die wundersame Wiederholung der Temperaturgeschichte.** In: kaltesonne.de, URL: http://www.kaltesonne.de/?p=6701, Stand 26.11.2012 (Abruf 15.09.2014).
[42] **Khammas, Achmed A. W:** Buch der Synergie. Teil C. Wasserenergie. In: Buch der Synergie, URL: http://www.buch-der-synergie.de/c_neu_html/c_06_01_wasser_geschichte_wasserkraft_1.htm, Stand: 15.08.2010 (Abruf: 04.09.2014).
[43] Siehe Karten **M5** u. **M6**.

der auf dem Seeweg befindlichen verbündeten Truppen der Engländer und Franzosen rechnen. Dem Transport der kaiserlichen Leiche kam somit mehr Sicherheit hinzu. Man bedenke nur einmal den Moralverlust, wenn der tote deutsche Kaiser als Trophäe in die Hände der Sarazenen fiele. Die von Görich angepriesene letzte Station des Leichnams im gehaltenen Tyrus ist insofern nachvollziehbar, da das zur Belagerung von Akkon weiterziehende Heer von einem toten Kaiser nur behindert worden wäre. Erscheint diese Rekonstruktion auch plausibel, ist eine hundertprozentige Lokalisierung des genauen Bestattungsortes der Gebeine Barbarossas nicht gegeben. Die Richtung zum Ziel Jerusalems ist allerdings ersichtlich, was für die Tatsache spricht, das Friedrich V. eine Bestattung seines Vaters in Jerusalem anstrebte.

Die einzig noch in Frage kommende Möglichkeit die Grablege des Kaisers in Tyrus endgültig zu bestätigen, scheint es erneut archäologische Anstrengungen unter der Kathedrale in Sur zu unterhalten. Fernab ist noch hinzuzufügen, dass die letzten Ausgrabungen 1875 unter der Leitung des Münchener Professors Johann Nepomuk Sepp stattfanden mit dem Ziel die Gebeine Barbarossas ins Deutsche Reich zu überführen, wobei weniger der wissenschaftliche Anteil im Vordergrund stand, als vielmehr die Erfüllung dieses prestigeträchtigen Auftrages der Hohenzollern.[44] Das Unternehmen sollte ein Misserfolg werden. Im Gegensatz zur Expedition Sepps verfügt die moderne Forschung über medizinische Methoden zur Bestimmung von DNS-Material und Mikrobiologische Nachweisverfahren. Die Aneignung von DNS-Material im Falle Barbarossas dürfte schwierig werden, aber nicht der Nachweis einer praktizierten „mos teutonicus" bspw. an einem gefunden Skelett in einem Grab unterhalb der Kathedrale von Sur. Eine Untersuchung der 1976 in Königslutter geborgenen Gebeine Lothars III., die 1137 der „mos teutonicus" ausgesetzt waren, ließ auf Grund der Aminosäuren-Konzentration erkennen, dass diese etwa sechs Stunden lang starker Hitzeentwicklung ausgesetzt gewesen sein müssen.[45] Eine ähnliche Untersuchung der geborgenen Leichname in Sur würde mit Sicherheit neue Erkenntnisse zu Tage fördern.

Abschließend bleibt festzuhalten, dass längst noch nicht alle Möglichkeiten ausgereizt wurden zur Aufklärung der Grablege, wohl aber zum Umstand des Todes Barbarossas. Der aktuelle Forschungsstand mit dem führenden Barbarossa-Historiker Knut Görich versteht es hierbei

---

[44] Siehe **Sepp, Bernhard/ Sepp, Johann-Nepomuk/ Prutz, Hans**: Das Resultat der deutschen Ausgrabungen in Tyrus. In: Historische Zeitschrift 44 (1880, 1. Halbjahr), S. 86-115; **Sepp, Johann- Nepomuk**: Meerfahrt nach Tyrus zur Ausgrabung der Kathedrale mit Barbarossas Grab. Leipzig 1879; dazu Görich, Die Staufer, S. 67-68.
[45] Siehe **Bada, Jeff L.**: Amino acid racemization in bone and the boiling of the German Emperor Lothar I. In: Applied Geochemistry 4 (1989), S. 325-327; dazu Görich, Friedrich Barbarossa, S. 599.

durch eine umfangreiche Argumentation zu überzeugen, die alle noch in Betracht kommenden Forschungsvariablen miteinbezieht und berücksichtigt. Die noch recht unbeleuchtete Tatsache der Kombination neuester Gen- und Chemieanalysen mit Archäologischen Ausgrabungen ermöglicht einen Ausblick auf zukünftige Forschungsperspektiven in der Mediävistik. Die moderne Geschichtswissenschaft darf also weiter gespannt bleiben.

Appendix

Kartenmaterial

M1: Das Heilige Land 1186 v. Chr.

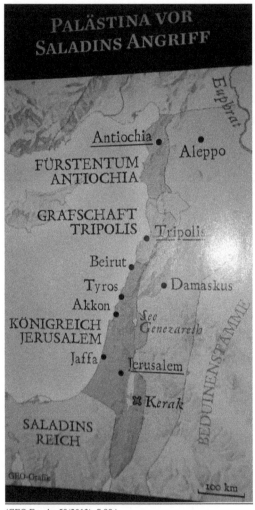

(GEO Epoche 59(2013), S.90.)

M2: Das Heilige Land ab 1188 v. Chr.

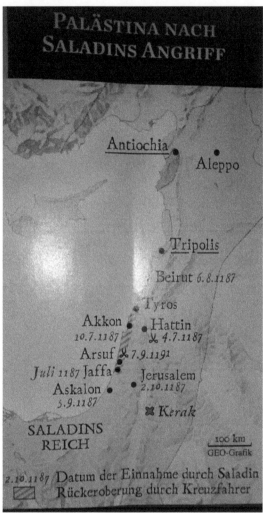

PALÄSTINA NACH
SALADINS ANGRIFF

Antiochia
Aleppo

Tripolis

Beirut *6.8.1187*

Tyros

Akkon
10.7.1187
Hattin
4.7.1187

Arsuf *7.9.1191*

Juli 1187 Jaffa

Askalon
5.9.1187
Jerusalem
2.10.1187

Kerak

SALADINS
REICH

100 km
GEO-Grafik

2.10.1187 Datum der Einnahme durch Saladin
Rückeroberung durch Kreuzfahrer

(GEO Epoche 59(2013), S.91.)

M3: Der Kreuzzug Kaiser Friedrich I. Barbarossas

(P.M. History 4 (2000), S. 48.)

M4: Todesort Barbarossa nach heutigen Karten

(Diercke-Die Welt in Karten, Braunschweig[9] 2010, S. 86.)

M5: Marschweg des deutschen Kreuzfahrerheeres I

(Diercke-Die Welt in Karten, Braunschweig[9] 2010, S. 86.)

M6: Marschweg des deutschen Kreuzfahrerheeres II

(Diercke-Die Welt in Karten, Braunschweig[9] 2010, S. 96.)

Bildmaterial

G1: Der Fluss Saleph (heute)

(P.M. History 4 (2000), S. 47.)

Bibliographie

Quellen(editionen) und Regesten

Andreas v. Marchiennes: Sigeberti Gemblacensis Constinuatio Aquicinctina, hg. von Ludwig Konrad Bethmann, MGH SS 6, Hannover 1844, S. 405–438.

Albertus Miliolus: Cronica imperatorum, hg. von Oswald Holder-Egger, MGH SS 31, Hannover 1903, S. 580–667.

Annales Mediolanenses, hg. von Georg Heinrich Pertz, MGH SS 18, Hannover 1863, S. 357–382.

Annales Isingrimi maiores, hg. von Georg Heinrich Pertz, MGH SS 17, Hannover 1861, S. 311-318.

Bühler, Arnold (Hrsg.): Der Kreuzzug Friedrich Barbarossas – Bericht eines Augenzeugen, Stuttgart 2002.

Chuonradus Schirensis: Annales, hg. von Philipp Jaffé, MGH SS 17, 1861, S. 629–633.

Dietrich von Nieheim: Historisch-politische Schriften. Teil 2: Historie de gestis Romanorum principum. Cronica. Gesta Karoli Magni imperatoris, hg. von Katharina Colberg/ Joachim Leuschner, MGH Staatsschriften 5,2, Stuttgart 1980, S. 272.

Epistola de morte Friderici imperatoris, hg. von Anton Chroust, MGH SS rer. Germ. NS 5, Berlin 1928, S. 173-178.

Gislebertus Montensis: Chronicon Hanoniense, hg. von Wilhelm Arndt, MGH SS 21, Hannover 1869, S. 481–601.

Iacobus Aquensis: Chronica ymaginis mundi, hg. von Oswald Holder-Egger, MGH SS rer. Germ. 27, Hannover 1892, S. 88–98.

Mayer, Hans Eberhard (Hrsg.): Das Itinerarium peregrinorum. Eine zeitgenössische englische Chronik zum dritten Kreuzzug in ursprünglicher Gestalt, Stuttgart 1962.

Petrus Erfordernsis: Chronica moderna, hg. von Oswald Holder-Egger, MGH SS rer. Germ. 42, Hannover 1899, S. 117–369.

Radulfus Coggeshale: Chronicon Anglicanum, hg. von Joseph Stevenson, MHB SS rer. Brit. 66, London 1875, S. 25.

Robertus Autissiodorensis: Chronicon, hg. von Oswald Holder-Egger, MGH SS 26, Hannover 1880, S. 219–276.

Salimbene de Adam: Cronica ordinis Minorum, hg. von Oswald Holder-Egger, MGH SS 32, Hannover 1905–1913, S. 12.

Thomas Ebendorfer: Chronica pontificum Romanorum, hg. von Harald Zimmermann, MGH SS rer. Germ. NS 16, München 1994, S. 401.

Sekundärliteratur

Bada, Jeff L.: Amino acid racemization in bone and the boiling of the German Emperor Lothar I. In: Applied Geochemistry 4 (1989), S. 325-327.

Bargmann, Leila: Der Tod Friedrichs I. im Spiegel der Quellenüberlieferung. In: Concilium medii aevi 13 (2010), S.223-249.

Bauer, Franz- Johann: Von Tod und Bestattung in alter und neuer Zeit. In: Historische Zeitschrift 254 (1992, 1. Halbjahr), S.1-31.

Doll, Anton: Überlegungen zur Grundsteinlegung und zu den Weihen des Speyerer Domes. In: Archiv für mittelrheinische Kirchengeschichte. Bd. 24 (1972). S. 9–25.

Ehlers, Joachim: Friedrich I. In: Schneidmüller, Bernd/ Weinfurter, Stefan (Hrsg.): Die deutschen Herrscher des Mittelalters. Historische Persönlichkeiten von Heinrich I. bis Maximilian I., München 2003, S. 232-257.

Görich, Knut: Die Staufer. Herrscher und Reich, München[3] 2011.

Görich, Knut: Friedrich Barbarossa. Eine Biographie, München 2011.

Görich, Knut: Friedrich Barbarossa – vom erlösten Kaiser zum Kaiser als nationaler Erlösergestalt. In: Fried, Johannes / Rader, Olaf B. (Hrsg.): Die Welt des Mittelalters. Erinnerungsorte eines Jahrtausends, München 2011.

Gramsch, Robert: Rezension zu: Görich, Knut: Friedrich Barbarossa. Eine Biographie. München 2011, In: sehepunkte 13 (2013), URL: http://www.sehepunkte.de/2013/01/20232.html, Stand: 15.01.2013 (Abruf: 26.08.2014).

Hechberger, Werner/ Schuller, Florian (Hrsg.): Staufer und Welfen. Zwei rivalisierende Dynastien im Hochmittelalter, Regensburg 2009.

Hillenbrand, Carole: The Crusades. Islamic Perspectives. Edinburgh 1999.

Khammas, Achmed A. W: Buch der Synergie. Teil C. Wasserenergie. In: Buch der Synergie, URL: http://www.buch-der-synergie.de/c_neu_html/c_06_01_wasser_geschichte_wasserkraft_1.htm, Stand: 15.08.2010 (Abruf: 04.09.2014).

Kluger, Helmuth: Friedrich Barbarossa und sein Ratgeber Rainhald von Dassel. In: Weinfurter, Stefan (Hrsg.): Wandel. Ordnungsvorstellungen und Politik in der Zeit Friedrich Barbarossas, Stuttgart 2002, S. 26-41.

Kölzer, Theo: Der Hof Friedrich Barbarossas und die Reichsfürsten. In: Stefan Weinfurter (Hrsg.): Stauferreich im Wandel, Stuttgart 2002.

Lubich, Gerhard: Territorien-, Kloster- und Bistumspolitik in einer Gesellschaft im Wandel. Zur politischen Komponente des Herrschaftsaufbaus der Staufer vor 1138. In: Hubertus Seibert/ Jürgen Dendorfer (Hrsg.): Grafen, Herzöge, Könige. Der Aufstieg der Staufer und das Reich 1079–1152, Ostfildern 2005.

Mayer, Hans- Eberhardt: Geschichte der Kreuzzüge, Stuttgart 2005.

Neues zur Mittelalterlichen Wärmeperiode: Die wundersame Wiederholung der Temperaturgeschichte. In: kaltesonne.de, URL: http://www.kaltesonne.de/?p=6701, Stand 26.11.2012 (Abruf 15.09.2014).

Plassmann, Alheydis: Rezension zu: Görich, Knut: Friedrich Barbarossa. Eine Biographie. München 2011, In: H-Soz-u-Kult, URL: http://hsozkult.geschichte.huberlin.de/rezensionen/2013-1-015, Stand: 09.01.2013 (Abruf: 26.08.2014).

Schneidmüller, Bernd: Die Welfen. Herrschaft und Erinnerung (819–1252), Stuttgart 2000.

Schwarzmaier, Hansmartin: Friedrich V. (Konrad). Herzog von Schwaben (1167-1191). In: Lexikon des Mittelalters (LexMA)Band 4, München/Zürich 1989, Sp. 960–961.

Sepp, Bernhard/ Sepp, Johann-Nepomuk/ Prutz, Hans: Das Resultat der deutschen Ausgrabungen in Tyrus. In: Historische Zeitschrift 44 (1880, 1. Halbjahr), S. 86-115.

Sepp, Johann- Nepomuk: Meerfahrt nach Tyrus zur Ausgrabung der Kathedrale mit Barbarossas Grab. Leipzig 1879.

Sprenger, Kai- Michael: Zwischen gefühlter u. gelenkter Erinnerungskultur- Welfen u. Staufer in Weingarten u. Ravensburg. In: Kießling, Rolf (Hrsg.): Erinnerungsorte in Oberschwaben. Regionale Identität im kulturellen Gedächtnis, Konstanz 2009.

Temperatur (max.) Türkei. In: wetter.de, URL: http://www.wetter.de/welt/temperatur-karte-tuerkei-c90.html, Stand 15.09.2014 (Abruf 15.09.2014).

Thorau, Peter: Die Kreuzzüge, München 2004.

Tyerman, Christopher: God's war. A new history of the crusades, London 2007.

Weinfurter, Stefan (Hrsg.): Stauferreich im Wandel. Ordnungsvorstellungen und Politik in der Zeit Friedrich Barbarossas, Stuttgart 2002. #

Lightning Source UK Ltd.
Milton Keynes UK
UKHW010840030619
343780UK00002B/585/P